# Thèse.

A mon Père

ET

A ma Mère,

*Amour et Reconnaissance.*

# A MON FRÈRE,

## AMITIÉ SANS BORNES.

# ACTE PUBLIC

## POUR LA LICENCE,

En exécution de l'art. 4, tit. 2, de la loi du 22 ventôse, an 12.

SOUTENU PAR

M. Darodes Peyriague (Léonce-Alexis) né à Mezin,
Lot-et-Garonne.

Les lois seules seraient insuffisantes pour régler la conduite de l'homme, si leur action n'était aidée, dirigée, et suppléée par la religion; comme aussi la morale et la religion seraient presque toujours impuissantes pour assurer la paix de la société, sans le secours des lois.

TOULLIER.

## JUS ROMANUM.

INST. LIB. II ; TIT. XIV. — *De hæredibus instituendis.*

Veluti caput atque fundamentum intelligitur totius testamenti hæredis institutio.

Hæredes institui possunt cives romani sive patres familias sint,

sive filii familias. Furiosus, mutus, posthumus, infans rectè ins-
tituuntur hæredes. Ignotus homo potest hæres institui, secùs est si
sit persona incerta.

Servus etiam fit hæres, sed domino suo non sibi hæreditatem acci-
pit; et servus à domino suo institutus, si quidem in eâdem causâ
manserit, ex testamento liber hæresque domini necessarius. Quod si
alienatus fuerit, jussu novi domini, adire hæreditatem debet. Servus communis unicuique dominorum proportione dominii hæreditatem acquirit.

Ex principiis juris romani, nemo paganus partim testatus partim intestatus decedere potest. .

In duodecim partes, sive uncias, hæreditas dividi solet. Pars una
hæreditatis vocatur uncia, duæ partes sextans, tres quadrans, qua-
tuor triens, quinque quincunx, sex semis, septem septunx, octo
bes, novem dodrans, decem dextans, undecim deunx, duodecim as.
Aliquando transitus fit ad dupondium et tripondium.

Si testator plures hæredes instituerit tres sunt casus varii : 1° vel
nulli eorum partem assignavit; 2° vel cuilibet partem assignavit; 3°
vel ex pluribus institutis quibusdam partem assignavit, quibusdam non.

Hæres potest institui vel purè, ità : Titius hæres esto. Vel sub
conditione, ità : Titius hæres esto, si navis ex Asia venerit. Hæreditas autem ex die, vel ad diem non rectè datur; sed vitio temporis
sublato, firma est.

Plurimæ sunt conditionum species : aliæ potestativæ, aliæ casua-
les, aliæ mixtæ. Conditio potestativa illa est, quæ pendet à voluntate ejus cui imponitur ; casualis, quæ pendet à casu ; mixta quæ
partim à casu et partim à voluntate pendet.

Conditiones etiam impossibiles aut possibiles, affirmativæ aut ne-
gativæ dicuntur.

# CODE CIVIL.

## Liv. I<sup>er</sup>., Tit. iii. — *Du Domicile.*

Il y a deux espèces de domicile : le domicile civil et le domicile politique.

On appelle domicile, le lieu où une personne qui a la jouissance de ses droits a son principal établissement. Le domicile politique est le lieu où chaque citoyen exerce ses droits politiques ; il est indépendant du domicile civil et le présent titre ne s'en occupe pas.

Le domicile ne doit pas être confondu avec la résidence. On désigne ainsi les lieux, qu'une personne habite temporairement, ou tour-à-tour. On peut avoir plusieurs résidences, mais on n'a jamais réellement qu'un domicile.

Sans porter atteinte au principe de l'art. 102, on est libre d'élire, pour l'exécution d'un acte, un domicile autre que son domicile réel. Il suit de là, qu'on peut avoir autant de domiciles élus ou conventionnels, qu'on a souscrit d'actes différens.

Le domicile réel est d'origine ou de choix. Il est d'origine, pour les enfans, qui n'en peuvent pas avoir d'autre que celui de leurs parens jusqu'à leur émancipation, et qui même après cette époque, le conservent tout le reste de leur vie, s'ils ne manifestent pas une volonté contraire. Le domicile est de choix pour quiconque veut changer de domicile ; cette intention est présumée de droit pour la femme mariée ; pour ceux qui vont résider dans un lieu, où ils ont accepté des fonctions à vie et non révocables ; mais à défaut des présomptions légales qui fixent le domicile ; à défaut des déclarations expresses indiquées dans l'art 104, on est forcé de recourir à de simples présomptions, et la preuve de l'intention dépend nécessairement des circonstances. Le fait ne peut être douteux, mais l'intention l'est souvent ; toute la difficulté tient donc à l'embarras de reconnaître avec certitude, quand l'intention se trouve réunie au fait.

Les art. 108 et 109 déterminent le domicile du mineur non éman-
cipé, du majeur interdit et des majeurs qui servent ou travaillent
chez des personnes avec lesquelles ils demeurent.

TITRE IV. — Des Absens.

L'ancienne législation française, ni le droit romain ne contiennent
à proprement parler aucune règle fixe sur les absens. Le Code a
rempli cette lacune, en créant un droit nouveau, que réclamaient
depuis long-temps les besoins de la société.

Le mot absent a deux acceptions bien différentes : dans le langage
ordinaire, il désigne l'individu qui ne se trouve pas actuellement au
lieu de sa résidence; mais dont on a, ou dont on peut avoir des
nouvelles. Dans le langage de la loi, on appelle absent celui qui a
disparu de son domicile, dont on n'a pas de nouvelles et dont l'exis-
tence est incertaine.

L'intérêt de l'absent, celui de sa famille, celui des tiers avec lesquels il a des relations, enfin l'intérêt public même qui ne veut
pas que les propriétés restent sans maître, exigent qu'on prenne
des mesures. La loi les a graduées sur les différens degrés d'incertitude de la vie, ou de la mort de l'absent. Elle a divisé l'absence
en trois périodes; tant que dure la première, il n'existe qu'une
simple présomption d'absence ; la seconde est réglée par des disposi-
tions fondées sur l'incertitude de la vie ou de la mort de l'individu;
et enfin la troisième a pour base la présomption de la mort de l'absent.

CHAPITRE I<sup>er</sup>.

De la présomption d'absence.

La présomption d'absence existe lorsqu'une personne a disparu du
lieu de sa résidence accoutumée, et qu'on n'a point de ses nouvelles.

Si dans cet état de présomption d'absence , cette personne n'a pas de procureur fondé , et si en même temps ses biens sont en péril en tout ou en partie, si par suite de leur négligence les intérêts des tiers associés et des créanciers se trouvent compromis, alors et dans d'autres cas aussi pressans, il y a nécessité à provoquer des mesures conservatoires. Le ministère public spécialement chargé de veiller aux intérêts des personnes absentes , peut de son chef et aussi de concours avec les tiers faire une demande pour qu'il soit pourvu à l'administration des biens abandonnés. Le tribunal, qui doit connaître de la demande , est celui du domicile du présumé absent ou de sa dernière résidence.

## CHAPITRE II.

### *De la déclaration d'absence.*

Il faut qu'il se soit écoulé quatre ans, depuis la disparition ou les dernières nouvelles de celui qui a quitté son domicile ou sa résidence, pour que les parties intéressées puissent agir en déclaration d'absence. Ces expressions parties intéressées , signifient ici les héritiers présomptifs , ou ceux qui ont des droits subordonnés au décès du présumé absent , tandis que les parties intéressées, dont parle l'art. 112, désignent les créanciers et les associés , dont les droits, garantis par le chapitre premier, ne vont pas jusqu'à obtenir l'envoi en possession des biens de l'absent.

Avant que la déclaration d'absence puisse être prononcée , la loi veut que les pièces et documens, propres à fixer le sort de l'absent, soient présentés au tribunal de première instance ; qu'une enquête et même deux enquêtes , si le lieu de la résidence n'est pas le que celui du domicile , soient faites contradictoirement avec le procureur du roi. Non contente de ces précautions, elle exige encore une intervalle d'une année, entre le jugement qui ordonne une en.

quête et celui qui déclare l'absence. Cet intervalle est prescrit, afin que l'absent puisse être averti des mesures dont il est l'objet; et pour lui procurer les moyens de l'être, la loi veut que les jugemens qui le concernent, même celui qui ordonne l'enquête, soient rendus publics dans les journaux. Il résulte de là, que l'absence ne peut être déclarée qu'après cinq ans, et même les tribunaux, appréciateurs souverains des circonstances, peuvent s'ils le jugent à propos rejeter la demande en déclaration d'absence.

---

# CODE DE PROCEDURE CIVILE.

### Liv. ii, Tit. xix. — *Des réglemens de juges.*

Le réglement de juges peut être demandé, toutes les fois qu'un même procès est engagé devant deux ou plusieurs tribunaux; il faut pour l'obtenir, s'adresser à l'autorité supérieure d'après la maxime : *par in parem non habet imperium. Quid ?* si les tribunaux, devant lesquels la même affaire a été portée, dépendent de la même cour royale ou de cour royales différentes.

Par la demande en réglement de juges, on veut qu'il soit décidé, lequel de deux ou plusieurs tribunaux saisis fera droit sur la contestation. La requête, présentée à cet effet au tribunal ou à la cour appelés à y prononcer, doit contenir l'exposition des faits qui constatent le conflit de juridiction, et de plus, l'art. 83 veut qu'elle soit communiquée au ministère public. Ce magistrat, selon qu'elle est ou non fondée, met au pied la déclaration de n'entendre empêcher ou de s'opposer.

Les juges, en accordant la permission d'assigner en réglement, peuvent ordonner qu'il sera sursis à toutes procédures devant les tribunaux saisis. Le mot *peuvent* de l'art. 364, prouve que cette surséance est laissée à leur arbitrage ; mais la permission d'assigner en réglement est-elle forcée ? non ; la loi exigeant une requête tendant à obtenir cette permission, les juges sont essentiellement les appréciateurs de cette requête, ils peuvent donc y répondre d'une manière négative, et dans ce cas le demandeur est passible de dommages-intérêts envers les autres parties.

Le jugement ou l'arrêt une fois rendu, on le signifie aux parties de la cause, au domicile de leurs avoués, avec assignation aux fins de la requête. *Quid ?* si le demandeur n'assigne pas dans le délai voulu.

Lorsque deux ou plusieurs tribunaux sont appelés à juger un même différend, le réglement de juges n'est pas la seule voie que l'on puisse employer pour éviter une contrariété de jugemens. Si l'un de ces tribunaux est incompétent, il y a lieu de proposer l'exception déclinatoire pour cause d'incompétence. S'il n'y a pas d'incompétence, on peut demander le renvoi pour cause de litispendance devant le premier tribunal saisi ; mais si dans ces deux cas le renvoi n'est pas accordé, ou s'il présente trop de difficultés, il faut se pourvoir en réglement de juges. Celui qui a succombé sur un déclinatoire par lui proposé devant un tribunal de première instance, peut-il se pourvoir à son gré ou par appel du jugement sur ce rendu, ou par la voie de réglement de juges ?

# CODE DE COMMERCE.

**Liv. iii. — *Des Faillites et Banqueroutes.***

## CHAPITRE VIII.

*Des Syndics définitifs et de leurs Fonctions.*

Sect. i. —*De l'Assemblée des Créanciers dont les créances sont vérifiées et affirmées.*

Dans les trois jours qui suivent l'expiration des délais prescrits pour l'affirmation des créanciers connus, les syndics provisoires convoquent ceux dont les créances ont été admises. Ls juge commissaire indique les lieu, jour et heure de l'assemblée et doit la présider. Les créanciers y sont appelés par lettres, affiches et insertions aux journaux. Le failli se rend aussi à cette assemblée, et faute par lui de se présenter en personne, s'il a un sauf-conduit, ou quand il est valablement excusé, de s'y faire représenter, il est constitué en état de banqueroute.

Le juge commissaire vérifie les pouvoirs, les syndics rendent, en sa présence, compte à l'assemblée de ce qui a été fait jusqu'à ce moment et de l'état de la faillite.

Le failli, ou son représentant suffisamment autorisé, doit ensuite être entendu, il fait les observations et les propositions d'arrangement qu'il juge convenables, et le commissaire dresse procès-verbal de tout ce qui est dit et décidé.

Sect. II. — *Du Concordat.*

On appelle concordat tout traité entre le débiteur failli et ses créanciers. Le concordat n'est valablement consenti que par la majorité des créanciers présens, pourvu que les sommes dues aux personnes, qui forment cette majorité, égalent les trois quarts du passif vérifié.

Les créanciers hypothécaires inscrits et ceux nantis d'un gage, ne peuvent pas voter dans les délibérations relatives au concordat, parce qu'ils trouvent dans leurs hypothèques et dans leurs gages, la sûreté de leurs créances et qu'ainsi ils sont sans intérêt.

Lorsque dans l'exposé, ou dans les observations faites par quelque créancier, le juge commissaire découvre que l'examen des actes, lettres et papiers du failli donne quelques présomptions de banqueroute, il ne peut être fait de concordat à peine de nullité.

Si dans la première séance, où l'on vote sur l'ensemble et l'adoption définitive du concordat, il y a majorité en nombre pour le consentir, mais que cette majorité ne forme pas les trois quarts en somme des créances, la délibération est continuée à huitaine. Si l'assemblée réunit les deux conditions nécessaires, le concordat doit être signé, séance tenante, à peine de nullité.

Les créanciers qui refusent le concordat sont tenus de faire signifier leurs oppositions aux syndics et au failli, dans la huitaine du jour où le concordat a été signé. Ce délai n'est point prorogé en raison des distances ; chaque créancier averti depuis long-temps, a pu charger un fondé de pouvoir, ou se tenir prêt. Ces oppositions doivent être motivées, elles sont instruites et jugées par le tribunal de commerce, lorsqu'elles sont fondées sur des actes ou des opérations, dont la connaissance lui est attribuée. Dans tous les autres cas, elles sont décidées par le tribunal civil du domicile du failli.

L'homologation est indispensable pour rendre le concordat obligatoire. La demande pour l'obtenir, est portée au tribunal de commerce saisi de la faillite. Dans le cas de refus, le failli est de droit en prévention de banqueroute, et renvoyé devant le procureur du roi. Lorsque l'homologation est accordée, le tribunal déclare en même temps le failli excusable et susceptible d'être réhabilité. L'effet de l'homologation du traité, est de le rendre exécutoire pour tous les créanciers signataires ou non signataires, et de conserver l'hypothèque à chacun d'eux sur les biens du débiteur.

Aussitôt que le jugement d'homologation a été signifié aux syndics provisoires, ceux-ci doivent rendre leur compte définitif au failli, en présence du juge commissaire. Les syndics remettent ensuite au failli l'universalité de ses biens, ses livres, effets et papiers. Le failli en donne décharge, et les fonctions des syndics provisoires et du juge commissaire sont terminées.

### Sect. iii. — *De l'union des Créanciers.*

Le concordat n'ayant pu avoir lieu, soit par le refus des créanciers, soit par empêchement du juge commissaire, soit parce que le tribunal n'a pas accordé l'homologation, les créanciers forment ce qu'on appelle un contrat d'union, nomment un ou plusieurs syndics définitifs et choisissent un caissier, entre les mains duquel tous les fonds appartenant à la faillite seront versés.

Le contrat d'union n'est pas sujet à l'homologation, seulement le juge commissaire est chargé de rendre compte au tribunal de commerce des circonstances qui y ont donné lieu ; et le tribunal, comme dans le cas du concordat, déclare si le failli est ou non excusable et susceptible d'être réhabilité.

Toutes les opérations de la faillite devant être terminées par les syndics définitifs, leurs fonctions sont en général de représenter la masse des créanciers. Ils reçoivent en présence du juge commissaire, les comptes que leur rendent les syndics provisoires. Ils ont droit de procéder à la vérification du bilan, et en vertu seulement du contrat d'union ; mais sous la surveillance du juge commissaire, ils poursuivent, sans qu'il soit besoin d'appeler le failli, la vente de ses marchandises et effets mobiliers et la liquidation de ses dettes actives et passives.

Dans le cas de présomption de banqueroute, de quelque nature qu'elle soit, le législateur a voulu qu'il fût remis, en toute propriété, au débiteur ou à sa famille les vêtemens, hardes et meubles nécessaires à l'usage de leurs personnes. Cette grâce accordée au failli, est proportionnée à sa moralité. Il est traité plus favorablement lorsqu'il n'existe pas de

présomption de banqueroute ; alors il a le droit de demander une somme sur ses biens à titre de secours ; la quotité en est proposée par les
syndics et fixée par le tribunal, sur le rapport du juge commissaire, en
proportion des besoins du failli et de sa famille et du plus ou moins de
perte qu'il fait supporter à ses créanciers.

## CHAPITRE II.

*Du mode de la vente des immeubles du failli.*

Les fonctions des syndics définitifs sont de procéder dans la huitaine
et sous l'autorisation du commissaire, à la vente des immeubles du failli :
mais, afin qne la masse des créanciers et le débiteur lui-même ne soient
pas lésés, la loi veut, pour faire porter les immeubles à leur légitime
valeur, que tout créancier puisse surenchérir, à condition néanmoins
que la surenchère ne soit pas au-dessous du dixième du prix principal
de l'adjudication.

---

Cet Acte sera soutenu le 29 décembre 1834, dans une des
salles de la Faculté.

*Vu par le Président de la Thèse,*

**LAURENS.**

IMPRIMERIE DE MARIE ESCUDIER, RUE SAINT-ROME, N° 26.